Ilustraciones: **GUSTI**

DICCIONARIO EN IMÁGENES

IMAGINARIO

PARA NIÑOS

2

almohada

colchón

colcha

sábana

pijama

camisón

zapatillas

pantalones

calcetines

camisa

jersey

cinturón

cortina

dados

ajedrez

raqueta

patines

carpeta

banderín

 moisés

 mesa

 silla

 persiana

 despertador

 puerta

 cama

 cuna

 literas

 mesilla

 armario

 cajón

 percha

 hucha

 biberón

 chupete

 sonajero

 muñeco

 oso de peluche

4

 espejo

 lavabo

 bidé

 retrete

 bañera

 ducha

 orinal

 baldosas

 azulejos

 mampara

 báscula

 alfombrilla

 taburete

 toalla

 grifo

 espuma

 gorro de ducha

 botón

 ojal

 charco

5

 peine

 esponja

 pasta de dientes

 frascos

 maquinillas de afeitar

 barra de labios

 jabón

 cepillo de pelo

 cepillo de uñas

 cepillo de dientes

 albornoz

 desodorante

 colonia

 secador

 champú

 bragas

 calzoncillos

 camiseta

 papel higiénico

 polvos de talco

PARTES DEL CUERPO

DE CINTURA PARA ARRIBA

pelo	orejas	ojos	nariz	boca

pecho	espalda	brazos	codo	mano

DE CINTURA PARA ABAJO

6

cintura	tripa	piernas	rodilla	pie

LA FAMILIA

padre	madre	hijos	abuelos	tíos	primos

caballo

yegua

potro

gallo

gallina

pollo

carnero

oveja

cordero

7

toro

vaca

ternero

gato

gata

gatito

8

exprimidor

jarra

plancha

agua

cerillas

mechero

taza

aspiradora

manopla

delantal

servilleta

babero

trapo de cocina

tazón

galletas

mantel

zumo

yogur

rodillo

plato

9

tenedor   cuchillo   cuchara   colador   batidora   azucarero   tostadora

escurreplatos   fregadero   calentador   cocina   lavadora   espumadera

nevera   horno   cazuela   campana extractora   cazo   sartén   cafetera

10

zapatos

lámpara

teléfono

chimenea

radiador

alfombra

planta

reloj de pared

reloj de cuco

radiocasete

televisión

balcón

sillón

sofá

frutero

ovillo

cojín

pecera

peces

agujas
de punto

agujas
del reloj

pájaro

jaula

candelabro

vela

tocadiscos

disco

gato

cascabel

enchufe

flecos

florero

retrato

cuadro

periódico

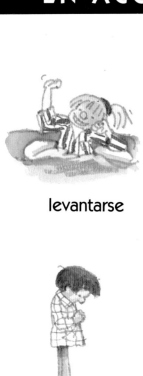

levantarse

acostarse

bostezar

estirarse

abrocharse

colgar la ropa

hacer la cama

dormir

bañarse

ducharse

lavarse

afeitarse

secarse

12

peinarse

maquillarse

pesarse

limarse las uñas

besar

abrazar

acariciar

saludar

coser

ver la televisión

leer

escribir

dibujar

hacer punto

manchar

limpiar

doblar la ropa

cepillar

tender la ropa

planchar

poner la mesa

fregar

13

pelar

partir

batir

cocinar

ver

oír

gustar

oler

tocar

torcido

recto

encendida

apagada

nueva

vieja

abierto

cerrado

14

desordenado

ordenado

grande

pequeño

cómodo

incómoda

caliente

frío

dormida   despierta   desnudo   vestido

mojado   seco   despeinado   peinado

sucio   limpio

descalzo   calzado

arrugada   estirada   llena   vacía

16

arriba

abajo

encima

debajo

delante

detrás

enfrente

al lado de

entre

a través de

17

dentro fuera alrededor

cerca lejos

desde hacia hasta

18

escaparate

cabina telefónica

semáforo

monumento

cochecito de niño

hospital

pareja

monja

cartero

paso de cebra

alcantarilla

acera

calzada

grúa

bufanda

papelera

abrigo

quiosco   zapatería   restaurante-bar   pastelería   panadería

librería   óptica   banco   hotel   farmacia   cine

pintor   monopatín   motocicleta   bicicleta   grúa

 policía

 ventana

 incendio

 camillero

 camilla

estrellas

 manguera

 coche de bomberos

 ambulancia

 camión de basura

 coche de policía

 tejado

 coche

 taxi

 valla

 correa

 campana

21

 luna

calle

plaza

esquina

sirena

 bombona
de oxígeno

 antenas
de televisión

 farola

 iglesia

cruz

 cartel
luminoso

 aparcamiento

 barrendero

 banco

 buzón

 gorra

 metro

autobús

entrar

salir

subir

bajar

asomarse

esperar

pasear

cruzar

22

empujar

arrastrar

salpicar

pisar

robar

pintar

rezar

regar

unir
separar
atar
desatar

sujetar
soltar
cargar
descargar

señalar
soplar
mover
hablar por teléfono

23

vigilar
barrer
conducir
montar en bicicleta

24

pizarra

pupitre

mural

tizas

borrador

globo terráqueo

libros

calendario

caballete

plastilina

pinturas

lápiz

regla

tijeras

bolígrafo

compás

cuaderno

perchero

alumnos

profesoras

esqueleto

muletas

escayola

babi

estuche

cartera

goma
de borrar

letras

mancha

pincel

fichero

rompecabezas

maceta

proyector

pantalla

diapositivas

sacapuntas

blanco

amarillo

naranja

rojo

rosa

granate

verde

azul claro

azul oscuro

violeta

morado

ocre

marrón

gris

negro

FORMAS GEOMÉTRICAS

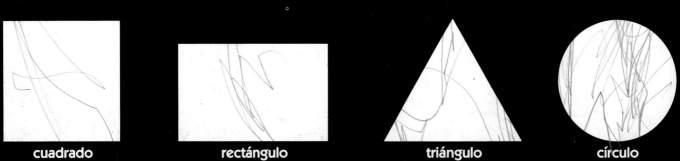

cuadrado

rectángulo

triángulo

círculo

NÚMEROS

1 uno	**2** dos	**3** tres	**4** cuatro	**5** cinco
6 seis	**7** siete	**8** ocho	**9** nueve	**10** diez
11 once	**12** doce	**13** trece	**14** catorce	**15** quince
16 dieciséis	**17** diecisiete	**18** dieciocho	**19** diecinueve	**20** veinte

30 treinta	**40** cuarenta	**50** cincuenta	**100** cien	**1,000** mil	**1,000,000** un millón

primero   segundo   tercero   cuarto   quinto   sexto   séptimo   octavo   noveno   décimo

27

ABECEDARIO

Aa Bb Cc Dd Ee Ff Gg

Hh Ii Jj Kk Ll Mm Nn

Ññ Oo Pp Qq Rr Ss Tt

Uu Vv Ww Xx Yy Zz

28

silla de ruedas

flauta

yoyó

diadema

canicas

álbum

cromos

cartas

pelota

fuente

cascos

altavoz

escalera
de incendios

verja

gafas

colegio	coleta	trenzas	corro	rayuela
cuerda	pala	cubo	arena	árbol	rama
tobogán	columpios	sube y baja	canasta de baloncesto	portería

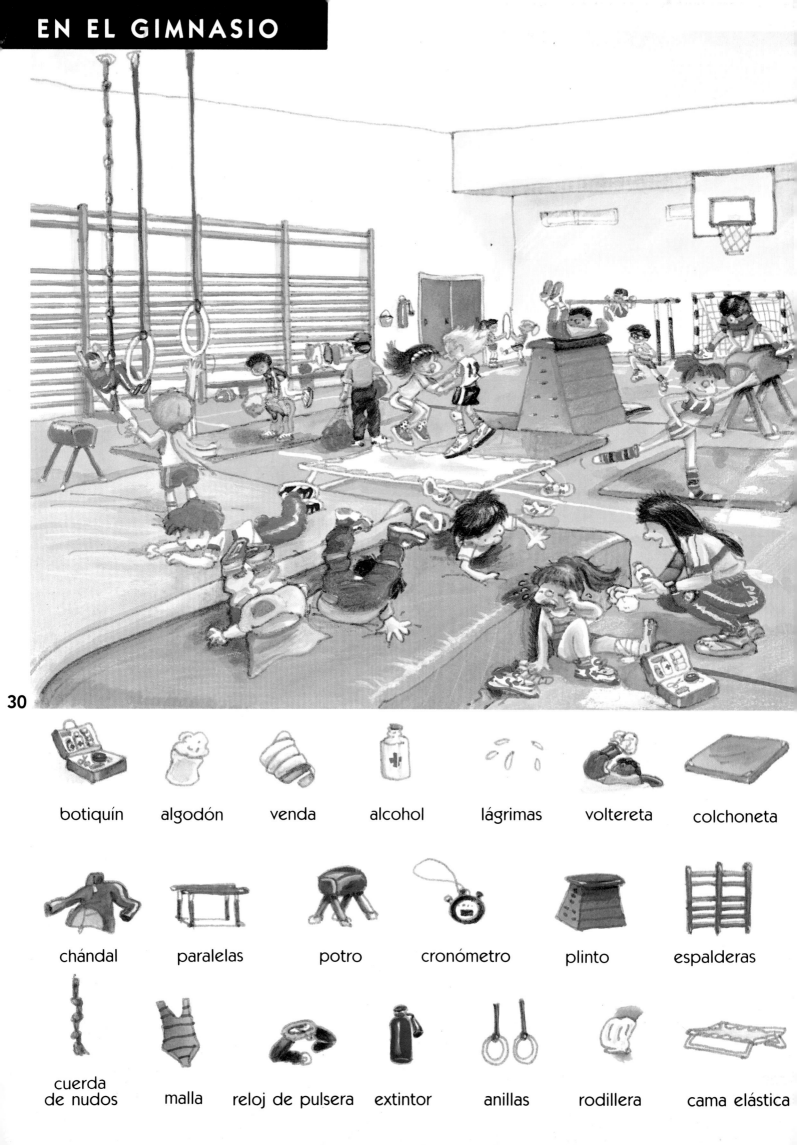

30

botiquín   algodón   venda   alcohol   lágrimas   voltereta   colchoneta

chándal   paralelas   potro   cronómetro   plinto   espalderas

cuerda de nudos   malla   reloj de pulsera   extintor   anillas   rodillera   cama elástica

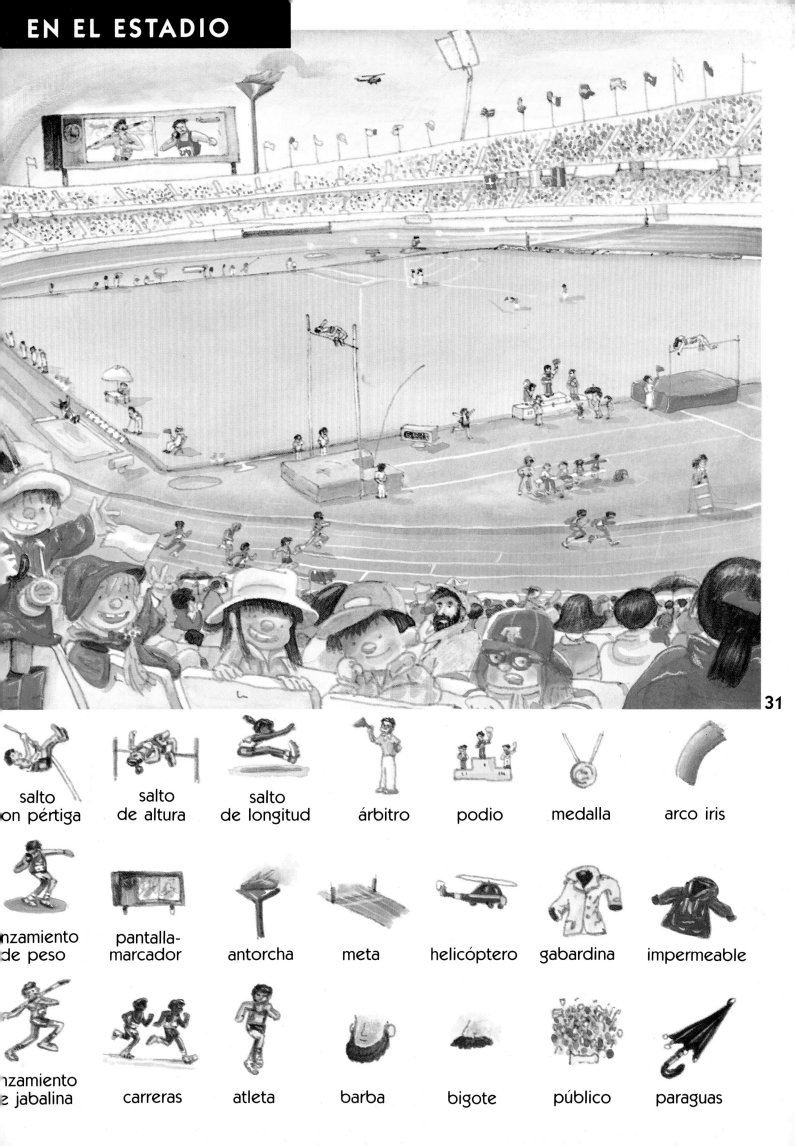

31

salto
con pértiga

salto
de altura

salto
de longitud

árbitro

podio

medalla

arco iris

lanzamiento
de peso

pantalla-
marcador

antorcha

meta

helicóptero

gabardina

impermeable

lanzamiento
de jabalina

carreras

atleta

barba

bigote

público

paraguas

hablar   escuchar

borrar   subrayar   tachar

explicar   contar   recortar   pegar

32

regañar   felicitar   curar   vendar

entrenar   disparar   correr   ganar

llorar

reír

disimular

silbar

tropezar

resbalar

trepar

esconderse

patinar

saltar a la pata coja

dar volteretas

botar

dar una patada

33

sudar

estornudar

pelearse

hacer las paces

DI CÓMO ES... DI CÓMO ESTÁ

gordo   delgado   alto   bajo

fuerte   débil   joven   viejo

34

feo   guapo   morena   rubia   pelirroja

largo   corto   liso   rizado

alegre   triste   atento   distraído

traviesa   enfadado   estudiosos   curioso

aburrido   acatarrado   cansada   ciego

de pie   sentada   tumbada   de rodillas   en cuclillas

36

ramo	setas	hierba	hojas	nido

lago	nieve	espantapájaros	granja	pastor	rebaño

puente	pescador	caña de pescar	orilla	río

cantimplora   tienda de campaña   saco de dormir   brújula   cazamariposas

piedra   palo   montañas   pueblo   camino   mochila

cultivos   sol   nube   lupa   arbusto

ÁRBOLES

acebo

olivos

platanera

pinos

abeto

almendro

38

encina

naranjo

álamos

manzano

FLORES

nenúfar

edelweiss

siempreviva

violeta africana

girasol

narciso

margaritas

39

jacinto

flor de cactus

rosa

 perro

 rabo

 hueso

 granjero

 cerdo

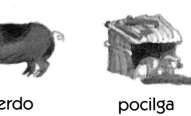 pocilga

 paja

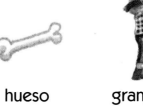 pajar

 pesebre

 oca

 gallinero

 pavo

 cuadra

 burro

 conejo

 cabra

 establo

 molino

 remolque

 tractor

 veleta

 silla de montar

 azada

 rastrillo

 hacha

 cencerro

 abono

 leche

 alforjas

 riendas

 buhardilla

 picadero

 regadera

ANIMALES 1

serpiente

buitre

mochuelo

pato

oso pardo

pavo real

42

águila

urraca joven

gorrión

jabalíes

ardilla

r a n a
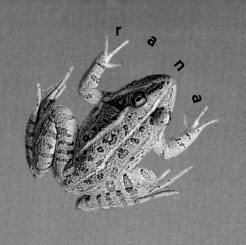

caballo

murciélago

burro

c i g ü e ñ a

lobo

abeja

43

gamo

toro
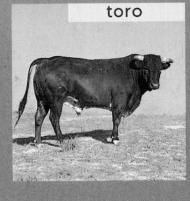

p a l o m a

jineta

oruga

44

llave inglesa

mecánico

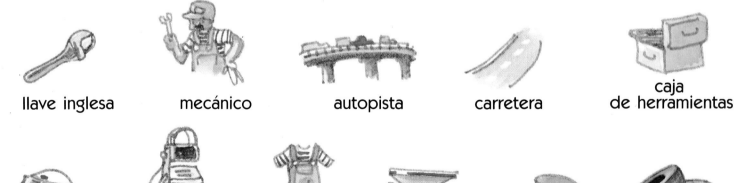

autopista

carretera

caja
de herramientas

casco

surtidor
de gasolina

pantalón
de peto

gasolinera

embudo

neumáticos

curva

señal
de tráfico

túnel

motor

conductor

cinturón
de seguridad

parachoques

intermitente

limpiaparabrisas

parabrisas

espejo
retrovisor

faro

tubo
de escape

fila

pinchazo

luces traseras

descapotable

caravana

matrícula

maletero

volante

46

escalera   apisonadora   albañil   ladrillos   cemento   clavos   martillo   sierra

destornillador   metro   pico   plano   tenazas   guantes   brocha   andam

hormigonera   barreño   carretilla   taladradora   sacos   tapia   depósit de agua

47

triciclo	losas	farol	cristal	cortadora de césped	barbacoa	hormigas

mariposa	moscas	libélula	mariquita	lagartija	caracol	toldo

césped	invernadero	hamaca	trampolín	piscina	seto	enredadera

48

jefe de estación   revisor   mozo de equipajes   maquinista   máquina   vía   anc

vagón de coches   vagón de carga   vagón de correo   vagón cisterna   vagón de pasajer

maleta   cámara de fotos   prismáticos   silbato   bastón   ventanill

49

azafata

piloto

pasajeros

turista

pasaporte

aduana

combustible

ala

avión

escalerilla

pista

panel
de vuelos

radar

cámara
de vídeo

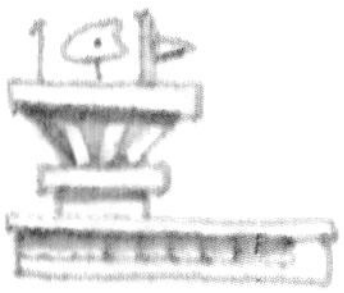

torre
de control

carrito
de equipaje

billete

información

alarma

50

chaleco
salvavidas

balón

biquini

bañador

esquí acuático

patinete

horizonte

concha

cometa

avioneta

ancla

lancha neumáti

mensaje

sombra

sombrilla

tumbona

crema
bronceadora

muelle

51

sandalias

barca

barco de vela

boya

banderas

faro

mar

isla

olas

huellas

remo

flotador

estrella de mar

socorrista

pistola

helados

aletas

gafas de bucear

gafas de sol

cormorán

albatros

52

gaviota

delfín

ballenas

pez espada

anguila

tiburón

raya

pelícano

pingüinos

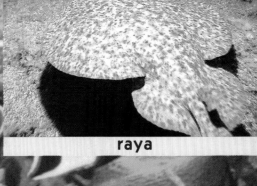

oso polar

medusa

morsa

focas

caballito de mar

erizo de mar

tortuga

langosta

cangrejo

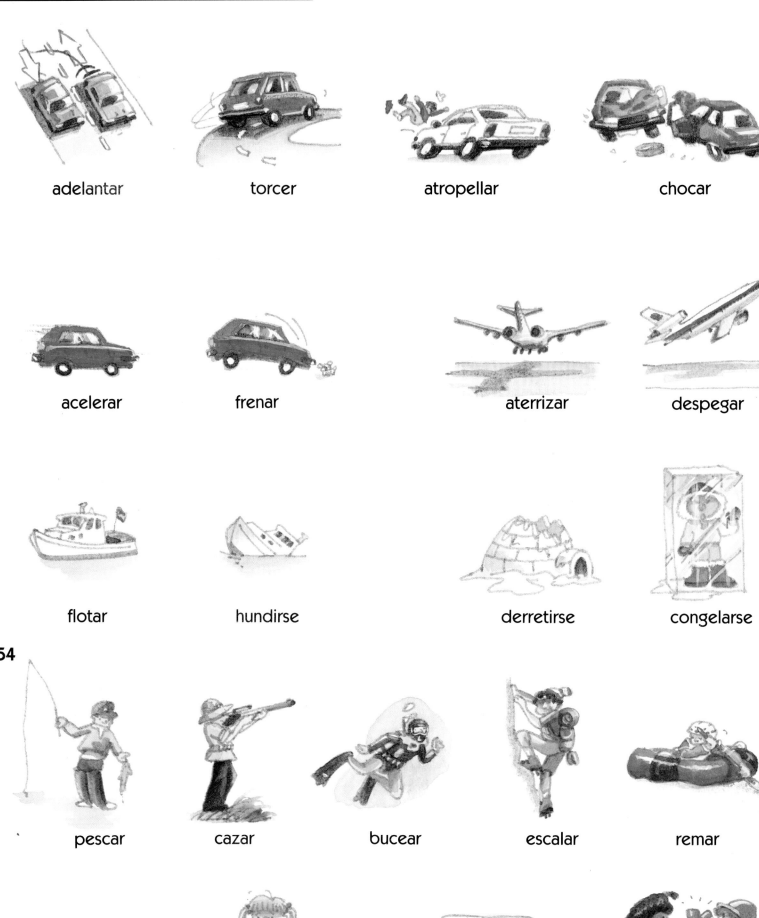

adelantar

torcer

atropellar

chocar

acelerar

frenar

aterrizar

despegar

flotar

hundirse

derretirse

congelarse

54

pescar

cazar

bucear

escalar

remar

tomar el sol

tiritar

despedirse

regalar

volar   nadar   reptar   saltar   revolcarse

mamar   morder   lamer   chupar

arañar   olfatear   atacar   defender

55

sembrar   arar   segar   talar   podar

cavar   picar   serrar   pintar   clavar

doméstico

salvaje

lenta

rápida

ágil

torpe

feroz

manso

vivo

muerto

preso

libre

56

enferma

sana

moreno

pálido

nervioso

tranquilo

tapada

destapada

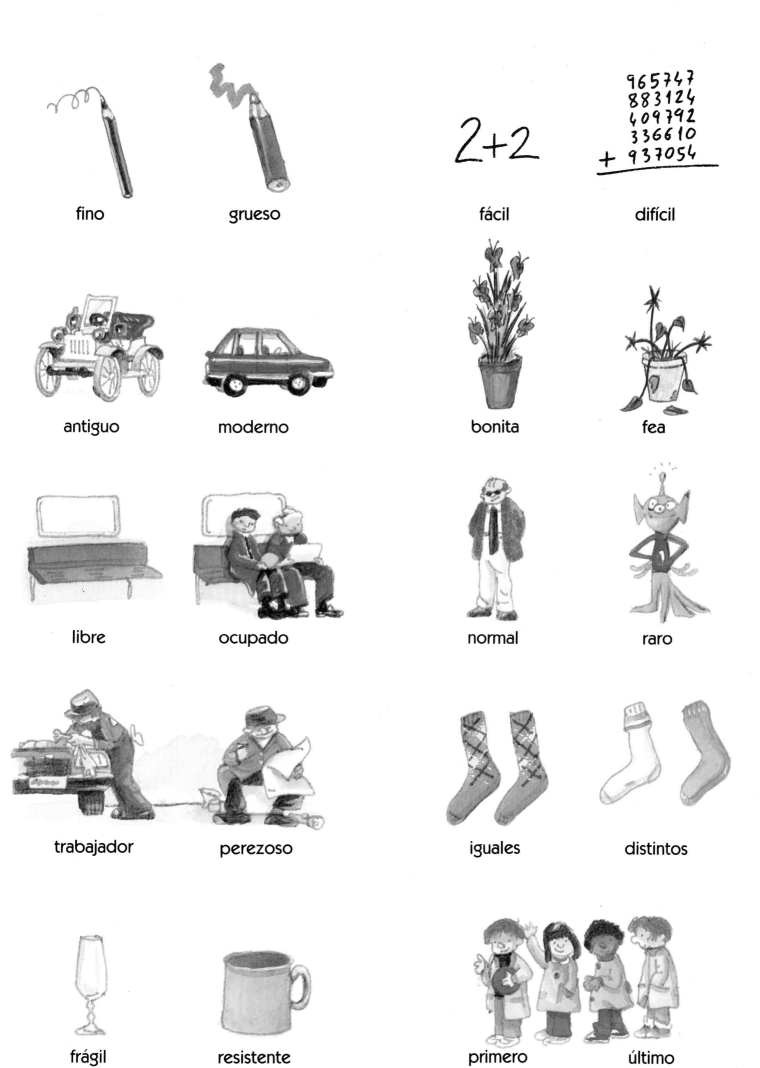

fino · grueso · fácil · difícil

antiguo · moderno · bonita · fea

libre · ocupado · normal · raro

trabajador · perezoso · iguales · distintos

frágil · resistente · primero · último

57

EN EL HIPERMERCADO

58

bata

collar

pulsera

billete

botella

tebeo

frutería

carnicería

pescadería

conservas

detergentes

huevos

carne

salchichas

pan

quesos

pollo

 cremallera

 dinero

 billetero

 bolsa

 bolso

 bolsillo

 lazo

 falda

 botas

 chaqueta

 corbata

 cordón

 carro

 cesta

 estanterías

 mostrador

 peso

 caja registradora

60

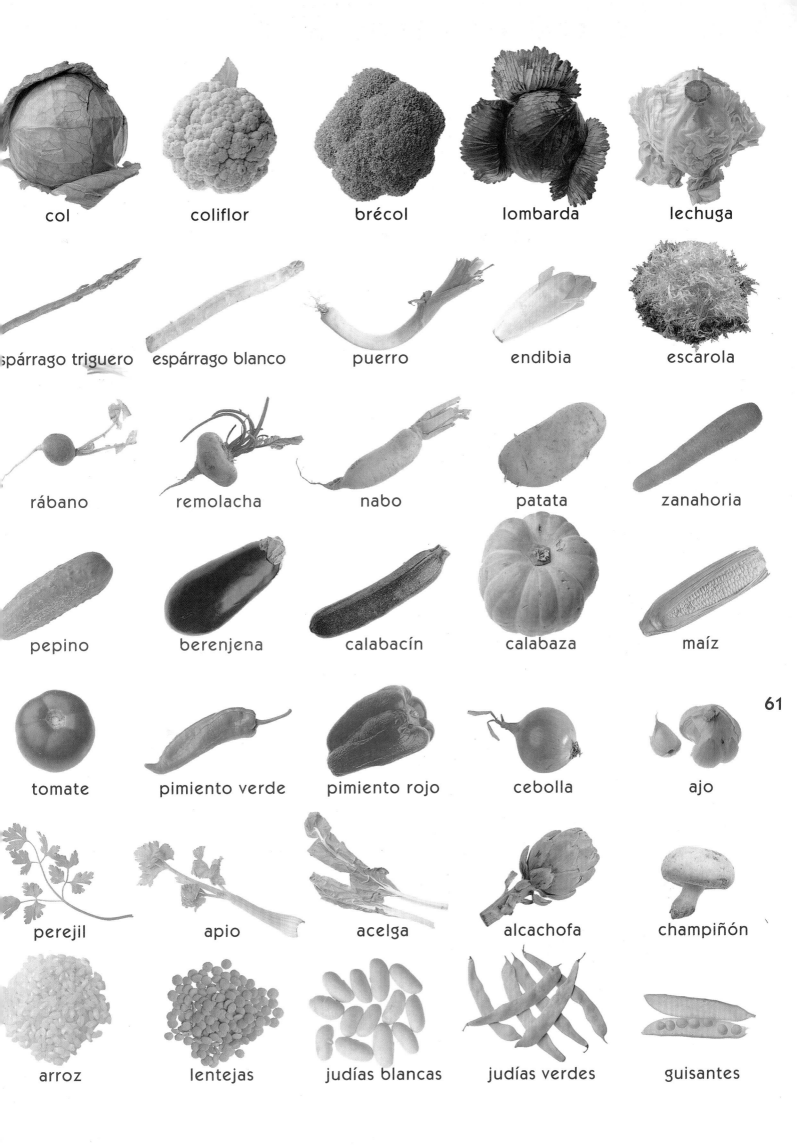

col

coliflor

brécol

lombarda

lechuga

spárrago triguero

espárrago blanco

puerro

endibia

escarola

rábano

remolacha

nabo

patata

zanahoria

pepino

berenjena

calabacín

calabaza

maíz

61

tomate

pimiento verde

pimiento rojo

cebolla

ajo

perejil

apio

acelga

alcachofa

champiñón

arroz

lentejas

judías blancas

judías verdes

guisantes

62

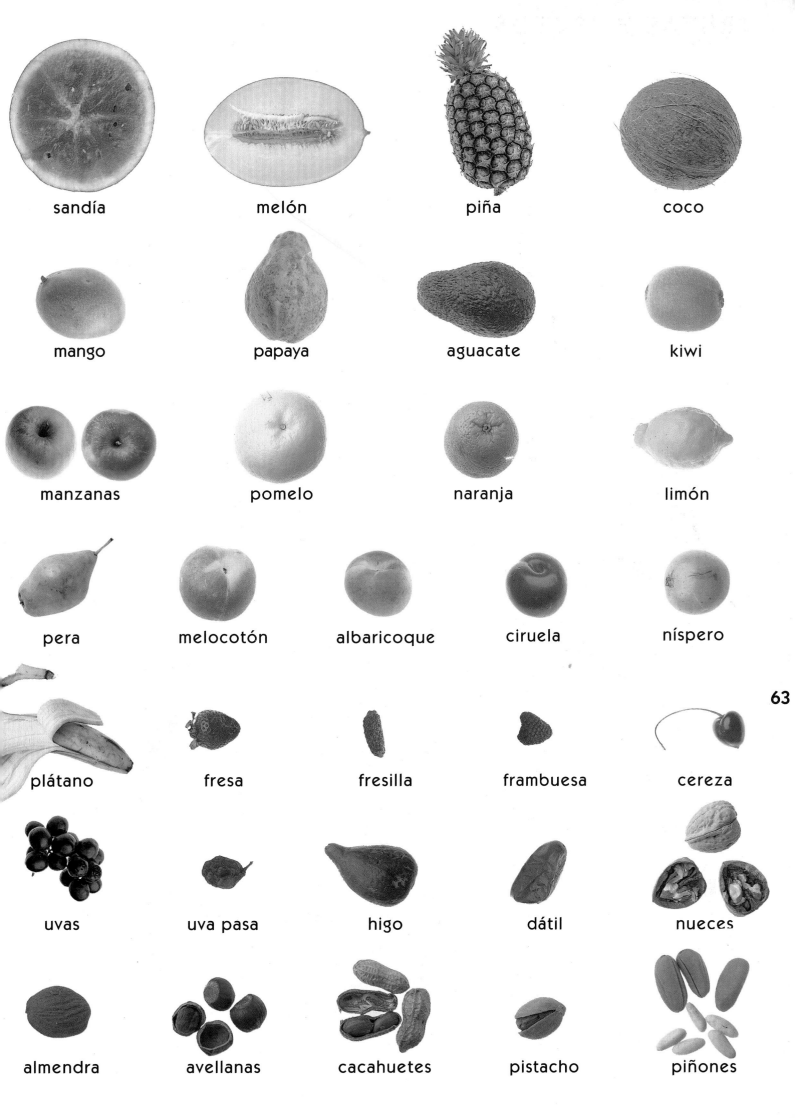

sandía

melón

piña

coco

mango

papaya

aguacate

kiwi

manzanas

pomelo

naranja

limón

pera

melocotón

albaricoque

ciruela

níspero

63

plátano

fresa

fresilla

frambuesa

cereza

uvas

uva pasa

higo

dátil

nueces

almendra

avellanas

cacahuetes

pistacho

piñones

64

butacas

pasillo

acomodador

linterna

película

salida

servicios

palomitas

bruja

fantasma

castillo

tormenta

rayos y relámpagos

escoba

murciélago

gnomo	torre	niebla	cicatriz	verruga
dragón	monstruo	telón	colmillos	cadena	araña
telaraña	tumba	pared	suelo	techo

EN UNA CAFETERÍA

66

 matasuegras

 salero

 cenicero

 guinda

 copa

 tarta

 serpentinas

 antifaz

 fiesta de cumpleaños

 globos

 regalos

 bocadillo

 aire acondicionado

 palillos

 paja

 monedas

 chaleco

 humo

 vaso

 barra

 cuenta

 sacacorchos

 camarero

pipa

cigarro

pajarita

 café

corona

 hielo

 rosquillas

 sándwich

 vinagreras

 bandeja

montaña rusa

muñeco de guiñol

zancos

dinosaurio

soldados

escopeta

malabarista

payaso

cantante

micrófono

adivino

bola de crista

hada

varita mágica

chicle

algodón
dulce

guitarra

banda de música

globo

circo

mago

disfraz

careta

robot

tirantes

bolos

anillas

tiro al blanco

noria

dardos

tiovivo

diana

turbante

astronauta

nave
espacial

tanque

pedales

rueda

manillar

canguro
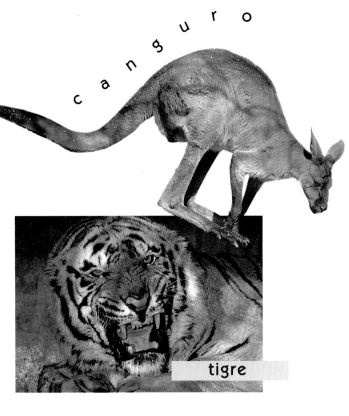

mapache

tigre

jirafa

elefante

gorila

cebras

70

leopardo

rinocerontes

monos

cocodrilo

leones

hipopótamo

gacela

dromedario

camello

c a m a l e ó n

b i s o n t e

71

guacamayo

búfalo asiático

avestruz

oso panda

hiena

INSTRUMENTOS MUSICALES

INSTRUMENTOS DE VIENTO

órgano

acordeón

72

trompa

trompeta

saxofón

trombón de varas

flauta travesera

flauta dulce

oboe

quena

clarinetes

INSTRUMENTOS DE CUERDA

violín

viola

violonchelo

contrabajo

arpa

piano

bandurria

guitarra

guitarra eléctrica

INSTRUMENTOS DE PERCUSIÓN

73

maracas

castañuelas

pandereta

platillos

tambor

xilofón

triángulo

bombo

timbales

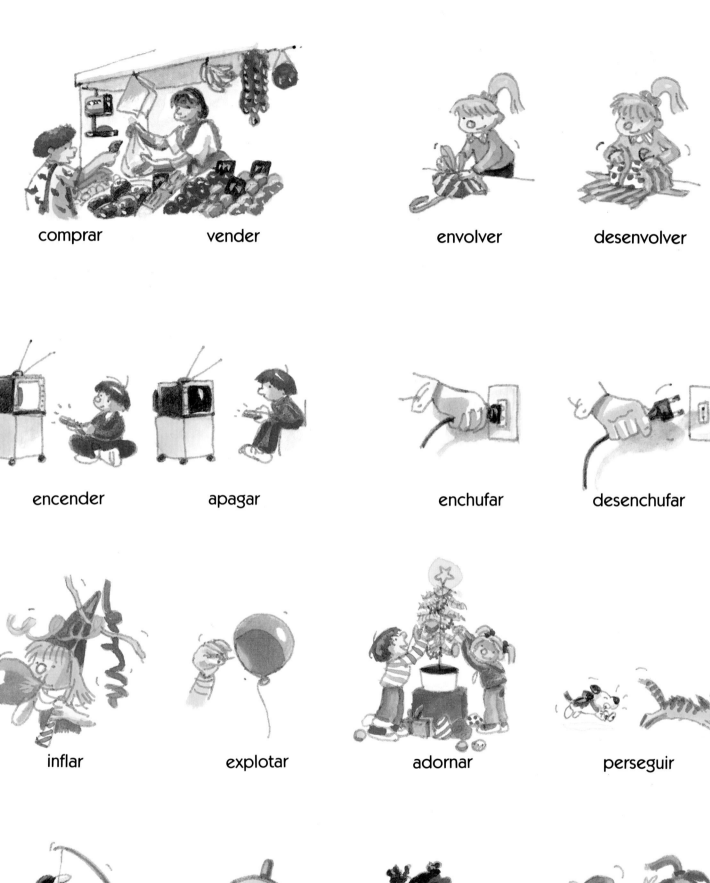

comprar   vender   envolver   desenvolver

encender   apagar   enchufar   desenchufar

74

inflar   explotar   adornar   perseguir

apuntar   acertar   cantar   bailar

comer

beber

fumar

toser

servir

brindar

aplaudir

desfilar

dudar

elegir

tirar

colocar

75

nevar

llover

salir el sol

ponerse el sol

bueno

malo

cobarde

valiente

gigante

enano

pobre

rico

76

suave

áspera

ancha

estrecha

educado

maleducado

golosa

asustado

dulce   ácido   duro   blando

sólido   líquido   entero   partido

crudo   frito   verde   maduro

salado   picante   amargo   estropeada

CÓMO PASA EL TIEMPO

por la mañana   a mediodía   por la tarde   por la noche   de madrugada

DÍAS DE LA SEMANA

lunes   martes   miércoles   jueves   viernes   sábado   domingo

MESES DEL AÑO

enero   febrero   marzo   abril   mayo   junio

78   julio   agosto   septiembre   octubre   noviembre   diciembre

ESTACIONES DEL AÑO

primavera   verano   otoño   invierno

FASES DE LA LUNA

luna nueva   cuarto creciente   luna llena   cuarto menguante

VOCABULARIO

ACTIVIDADES

VOCABULARIO

a

a través de 16
abajo 16
abecedario 27
abeja 43
abeto 38
abierto 14
abono 41
abrazar 12
abrigo 18
abril 78
abrocharse 12
abuelo 6
aburrido 35
acariciar 12
acatarrado 35
acebo 38
acelerar 54
acelga 61
acera 18
acertar 74
ácido 77
acomodador 64
acordeón 72
acostarse 12
adelantar 54
adivino 68
adornar 74
aduana 49
aeropuerto 49
afeitarse 12
ágil 56
agosto 78
agua 8
aguacate 63
águila 42
aguja de punto 11
aguja del reloj 11
aire acondicionado 66
ajedrez 2
ajo 61
al lado de 16
ala 49

álamo 38
alarma 49
albañil 46
albaricoque 63
albatros 52
albornoz 5
álbum 28
alcachofa 61
alcantarilla 18
alcohol 30
alegre 35
aleta 51
alfombra 10
alfombrilla 4
alforja 41
algodón 30
algodón dulce 68
almendra 63
almendro 38
almohada 2
alrededor 17
altavoz 28
alto 34
alumno 25
amargo 77
amarillo 26
ambulancia 20
ancho 76
ancla 50
andamio 46
andén 48
anguila 52
anilla 69
anillas 30
antena de televisión 21
antifaz 66
antiguo 57
antorcha 31
año 78
apagado 14
apagar 74
aparcamiento 21
apio 61
apisonadora 46
aplaudir 75
apuntar 74
araña 65
arañar 55
arar 55
árbitro 31
árbol 29 y 38
arbusto 37
arco iris 31
ardilla 42
arena 29
armario 3
arpa 73
arrastrar 22
arriba 16
arroz 61

arrugado 15
asomarse 22
áspero 76
aspiradora 8
astronauta 69
asustado 76
atacar 55
atar 23
atento 35
aterrizar 54
atleta 31
atropellar 54
autobús 21
autopista 44
avellana 63
avestruz 71
avión 49
avioneta 50
azada 41
azafata 49
azucarero 9
azul claro 26
azul oscuro 26
azulejo 4

b

babero 8
babi 25
bailar 74
bajar 22
bajo 34
balcón 10
baldosa 4
ballena 52
balón 50
banco 19
   (para guardar dinero)
banco 21
   (para sentarse)
banda de música 68
bandeja 67
bandera 51
banderín 2
bandurria 73
bañador 50
bañarse 12
bañera 4
barba 31
barbacoa 47
barca 51
barco de vela 51
barra 67
   (de cafetería)
barra de labios 5

barrendero 21
barreño 46
barrer 23
báscula 4
bastón 48
bata 58
batidora 9
batir 13
beber 75
berenjena 61
besar 12
biberón 3
bicicleta 19
bidé 4
bigote 31
billete 49
   (de avión)
billete 58
   (de dinero)
billetero 59
biquini 50
bisonte 71
blanco 26
blando 77
boca 6
bocadillo 66
bola de cristal 68
bolígrafo 24
bolo 69
bolsa 59
bolsillo 59
bolso 59
bombo 73
bombona de oxígeno 21
bonito 57
borrador 24
borrar 32
bostezar 12
bota 59
botar 33
botella 58
botiquín 30
botón 4
boya 51
bragas 5
brazo 6
brécol 61
brindar 75
brocha 46
bruja 64
brújula 37
bucear 54
bueno 76
búfalo asiático 71
bufanda 18
buhardilla 41
buitre 42
burro 40 y 43
butaca 64
buzón 21

81

c

caballete 24
caballito de mar 53
caballo 7 y 43
cabina telefónica 18
cabra 40
cacahuete 63
cadena 65
café 67
cafetera 9
cafetería 66-67
caja de herramientas 44
caja registradora 59
cajón 3
calabacín 61
calabaza 61
calcetín 2
calendario 24
calentador 9
caliente 14
calle 21
calzada 18
calzado 15
calzoncillos 5
cama 3
cama elástica 30
camaleón 71
cámara de fotos 48
cámara de vídeo 49
camarero 67
camello 71
camilla 20
camillero 20
camino 37
camión de basura 20
camisa 2
camiseta 5
camisón 2
campana 20
campana extractora 9
campo 36-37
canasta de baloncesto 29
candelabro 11
cangrejo 53
canguro 70
canica 28
cansado 35
cantante 68
cantar 74
cantimplora 37
caña de pescar 36
caracol 47
caravana 45
careta 69
cargar 23
carne 58

carnero 7
carnicería 58
carpeta 2
carrera 31
carretera 44
carretilla 46
carrito de equipaje 49
carro 59
  (de la compra)
carta 28
cartel luminoso 21
cartera 25
cartero 18
cascabel 11
casco 44
cascos 28
castañuela 73
castillo 64
catorce 27
cavar 55
cazamariposas 37
cazar 54
cazo 9
cazuela 9
cebolla 61
cebra 70
cemento 46
cencerro 41
cenicero 66
cepillar 13
cepillo de dientes 5
cepillo de pelo 5
cepillo de uñas 5
cerca 17
cerdo 40
cereal 60-61
cereza 63
cerilla 8
cerrado 14
césped 47
cesta 59
chaleco 66
chaleco salvavidas 50
champiñón 61
champú 5
chándal 30
chaqueta 59
charco 4
chicle 68
chimenea 10
chocar 54
chupar 55
chupete 3
cicatriz 65
ciego 35
cien 27
cigarro 67
cigüeña 43
cinco 27
cincuenta 27

cine 19 y 64-65
cintura 6
cinturón 2
cinturón de seguridad 45
circo 69
círculo 26
ciruela 63
clarinete 72
clase 24-25
clavar 55
clavo 46
cobarde 76
coche 20 y 44-45
coche de bomberos 20
coche de policía 20
cochecito de niño 18
cocina 8-9
  (habitación)
cocina 9
  (mueble)
cocinar 13
coco 63
cocodrilo 70
codo 6
cojín 10
col 61
colador 9
colcha 2
colchón 2
colchoneta 30
colegio 29
coleta 29
colgar la ropa 12
coliflor 61
collar 58
colmillo 65
colocar 75
colonia 5
color 26
columpio 29
combustible 49
comer 75
cometa 50
cómodo 14
compás 24
comprar 74
concha 50
conducir 23
conductor 44
conejo 40
congelarse 54
conserva 58
contar 32
contrabajo 73
copa 66
corbata 59
cordero 7
cordón 59
cormorán 52
corona 67

correa 20
correr 32
corro 29
cortadora de césped 47
cortina 2
corto 34
coser 13
crema bronceadora 50
cremallera 59
cristal 47
cromo 28
cronómetro 30
crudo 77
cruz 21
cruzar 22
cuaderno 24
cuadra 40
cuadrado 26
cuadro 11
cuarenta 27
cuarto 27
cuarto creciente 78
cuarto de baño 4-5
cuarto de estar 10-11
cuarto menguante 78
cuatro 27
cubo 29
cuchara 9
cuchillo 9
cuenta 67
cuerda 29
  (de saltar)
cuerda de nudos 30
cuerpo 6
cultivo 37
cuna 3
curar 32
curioso 35
curva 44

d

dado 2
dar una patada 33
dar volteretas 33
dardo 69
dátil 63
de pie 35
de rodillas 35
debajo 16
débil 34
décimo 27
defender 55

82

delantal 8
delante 16
delfín 52
delgado 34
dentro 17
depósito de agua 46
derretirse 54
desatar 23
descalzo 15
descapotable 45
descargar 23
desde 17
desenchufar 74
desenvolver 74
desfilar 75
desnudo 15
desodorante 5
desordenado 14
despedirse 54
despegar 54
despeinado 15
despertador 3
despierto 15
destapado 56
destornillador 46
detergente 58
detrás 16
día 78
diadema 28
diana 69
diapositiva 25
dibujar 13
diciembre 78
diecinueve 27
dieciocho 27
dieciséis 27
diecisiete 27
diez 27
difícil 57
dinero 59
dinosaurio 68
disco 11
disfraz 69
disimular 33
disparar 32
distinto 57
distraído 35
doblar la ropa 13
doce 27
doméstico 56
domingo 78
dormido 15
dormir 12
dormitorio 2-3
dos 27
dragón 65
dromedario 71
ducha 4
ducharse 12
dudar 75

dulce 77
duro 77

edelweiss 39
educado 76
elefante 70
elegir 75
embudo 44
empujar 22
en cuclillas 35
enano 76
encender 74
encendido 14
enchufar 74
enchufe 11
encima 16
encina 38
endibia 61
enero 78
enfadado 35
enfermo 56
enfrente 16
enredadera 47
entero 77
entrar 22
entre 16
entrenar 32
envolver 74
erizo de mar 53
escalar 54
escalera 46
escalera de incendios 28
escalerilla 49
escaparate 18
escarola 61
escayola 25
escoba 64
esconderse 33
escopeta 68
escribir 13
escuchar 32
escurreplatos 9
espalda 6
espalderas 30
espantapájaros 36
espárrago blanco 61
espárrago triguero 61
espejo 4
espejo retrovisor 45
esperar 22
esponja 5
espuma 4

espumadera 9
esqueleto 25
esquí acuático 50
esquina 21
establo 40
estación 48
    (de tren)
estación 78
    (del año)
estadio 31
estantería 59
estirado 15
estirarse 12
estornudar 33
estrecho 76
estrella 20
estrella de mar 51
estropeado 77
estuche 25
estudioso 35
excursión 36-37
explicar 32
explotar 74
exprimidor 8
extintor 30

fácil 57
falda 59
familia 6
fantasma 64
farmacia 19
faro 45
    (de coche)
faro 51
    (en la costa)
farol 47
farola 21
febrero 78
felicitar 32
feo 34 y 57
feroz 56
fichero 25
fiesta de cumpleaños 66
fila 45
fino 57
flauta (dulce) 28 y 72
flauta travesera 72
fleco 11
flor 39
flor de cactus 39
florero 11
flotador 51

flotar 54
foca 53
frágil 57
frambuesa 63
frasco 5
fregadero 9
fregar 13
frenar 54
fresa 63
fresilla 63
frío 14
frito 77
fruta 62-63
frutería 58
frutero 10
fruto 62-63
fuente 28
fuera 17
fuerte 34
fumar 75

gabardina 31
gacela 71
gafas 28
gafas de bucear 51
gafas de sol 51
galleta 8
gallina 7
gallinero 40
gallo 7
gamo 43
ganar 32
gasolinera 44
gato 7 y 11
gaviota 52
gigante 76
gimnasio 30
girasol 39
globo 66
    (de jugar)
globo 68
    (para volar)
globo terráqueo 24
gnomo 65
goloso 76
goma de borrar 25
gordo 34
gorila 70
gorra 21
gorrión 42
gorro de ducha 4
granate 26

83

grande 14
granja 36 y 40-41
granjero 40
grifo 4
gris 26
grúa 19
  (de coches)
grúa 18
  (en una obra)
grueso 57
guacamayo 71
guante 46
guapo 34
guinda 66
guisante 61
guitarra 68 y 73
guitarra eléctrica 73
gustar 13

h

hablar 32
hablar por teléfono 23
hacer la cama 12
hacer las paces 33
hacer punto 13
hacha 41
hacia 17
hada 68
hamaca 47
hasta 17
helado 51
helicóptero 31
hielo 67
hiena 71
hierba 36
higo 63
hijo 6
hipermercado 58-59
hipopótamo 71
hoja 36
horizonte 50
hormiga 47
hormigonera 46
horno 9
hospital 18
hotel 19
hucha 3
huella 51
hueso 40
huevo 58

humo 67
hundirse 54

i

iglesia 21
igual 57
impermeable 31
incendio 20
incómodo 14
inflar 74
información 49
instrumento de cuerda 73
instrumento de percusión 73
instrumento de viento 72
instrumento musical 72-73
intermitente 45
invernadero 47
invierno 78
isla 51

j

jabalí 42
jabón 5
jacinto 39
jardín 47
jarra 8
jaula 11
jefe de estación 48
jersey 2
jineta 43
jirafa 70
joven 34
judía blanca 61
judía verde 61
jueves 78
julio 78
junio 78

k

kiwi 63

l

ladrillo 46
lagartija 47
lago 36
lágrima 30
lamer 55
lámpara 10
lancha neumática 50
langosta 53
lanzamiento de jabalina 31
lanzamiento de peso 31
lápiz 24
largo 34
lavabo 4
lavadora 9
lavarse 12
lazo 59
leche 41
lechuga 61
leer 13
legumbre 60-61
lejos 17
lenteja 61
lento 56
león 71
leopardo 70
letra 25
levantarse 12
libélula 47
libre 56 y 57
librería 19
libro 24
limarse las uñas 12
limón 63
limpiaparabrisas 45
limpiar 13
limpio 15
linterna 64
líquido 77
liso 34
litera 3
llave inglesa 44
lleno 15
llorar 33
llover 75
lobo 43
lombarda 61
losa 47
luna 21 y 78
luna llena 78
luna nueva 78
lunes 78
lupa 37
luz trasera 45

m

maceta 25
madre 6
madrugada 78
maduro 77
mago 69
maíz 61
malabarista 68
maleducado 76
maleta 48
maletero 45
malla 30
malo 76
mamar 55
mampara 4
mancha 25
manchar 13
mango 63
manguera 20
manillar 69
mano 6
manopla 8
manso 56
mantel 8
manzana 63
manzano 38
mañana 78
mapache 70
maquillarse 12
máquina 48
maquinilla de afeitar 5
maquinista 48
mar 51
maraca 73
margarita 39
mariposa 47
mariquita 47
marrón 26
martes 78
martillo 46
marzo 78
matasuegras 66
matrícula 45
mayo 78
mecánico 44
mechero 8
medalla 31
mediodía 78
medusa 53
melocotón 63
melón 63
mensaje 50
mes 78
mesa 3
mesilla 3

84

meta 31
metro 46
  (para medir)
metro 21
  (para viajar)
micrófono 68
miércoles 78
mil 27
millón 27
mochila 37
mochuelo 42
moderno 57
moisés 3
mojado 15
molino 41
moneda 66
monja 18
mono 70
monopatín 19
monstruo 65
montaña 37
montaña rusa 68
montar en bicicleta 23
monumento 18
morado 26
morder 55
moreno 34 y 56
morsa 53
mosca 47
mostrador 59
motocicleta 19
motor 44
mover 23
mozo de equipajes 48
muelle 50
muerto 56
muleta 25
muñeco 3
muñeco de guiñol 68
mural 24
murciélago 43 y 64

n

nabo 61
nadar 55
naranja 26
  (color)
naranja 63
  (fruta)
naranjo 38
narciso 39
nariz 6
nave espacial 69

negro 26
nenúfar 39
nervioso 56
neumático 44
nevar 75
nevera 9
nido 36
niebla 65
nieve 36
níspero 63
noche 78
noria 69
normal 57
noveno 27
noviembre 78
nube 37
nueve 27
nuevo 14
nuez 63
número 27

o

oboe 72
obra 46
oca 40
ocho 27
ocre 26
octavo 27
octubre 78
ocupado 57
oír 13
ojal 4
ojo 6
ola 51
oler 13
olfatear 55
olivo 38
once 27
óptica 19
ordenado 14
oreja 6
órgano 72
orilla 36
orinal 4
oruga 43
oso de peluche 3
oso panda 71
oso pardo 42
oso polar 53
otoño 78
oveja 7
ovillo 10

p

padre 6
paja 40
  (del campo)
paja 66
  (para beber)
pajar 40
pajarita 67
pájaro 11
pala 29
pálido 56
palillo 66
palo 37
paloma 43
palomita 64
pan 58
panadería 19
pandereta 73
panel de vuelos 49
pantalla 25
pantalla-marcador 31
pantalón 2
pantalón de peto 44
papaya 63
papel higiénico 5
papelera 18
parabrisas 45
parachoques 45
paraguas 31
paralelas 30
pared 65
pareja 18
partido 77
partir 13
pasajero 49
pasaporte 49
pasear 22
pasillo 64
paso de cebra 18
pasta de dientes 5
pastelería 19
pastor 36
patata 61
patín 2
patinar 33
patinete 50
pato 42
pavo 40
pavo real 42
payaso 68
pecera 11
pecho 6
pedal 69
pegar 32
peinado 15
peinarse 12

peine 5
pelar 13
pelearse 33
pelícano 52
película 64
pelirrojo 34
pelo 6
pelota 28
pepino 61
pequeño 14
pera 63
percha 3
perchero 24
perejil 61
perezoso 57
periódico 11
perro 40
perseguir 74
persiana 3
pesarse 12
pescadería 58
pescador 36
pescar 54
pesebre 40
peso 59
pez 11
pez espada 52
piano 73
picadero 41
picante 77
picar 55
pico 46
pie 6
piedra 37
pierna 6
pijama 2
piloto 49
pimiento rojo 61
pimiento verde 61
pincel 25
pinchazo 45
pingüino 52
pino 38
pintar 22 y 55
pintor 19
pintura 24
piña 63
piñón 63
pipa 67
pisar 22
piscina 47
pista 49
pistacho 63
pistola 51
pizarra 24
plancha 8
planchar 13
plano 46
planta 10
plastilina 24

85

platanera 38
plátano 63
platillos 73
plato 8
playa 50-51
plaza 21
plinto 30
pobre 76
pocilga 40
podar 55
podio 31
policía 20
pollo 7 y 58
polvos de talco 5
pomelo 63
poner la mesa 13
ponerse el sol 75
portería 29
potro 7
   (animal)
potro 30
   (de gimnasia)
preso 56
primavera 78
primero 27 y 57
primo 6
prismáticos 48
profesor 25
proyector 25
público 31
pueblo 37
puente 36
puerro 61
puerta 3
pulsera 58
pupitre 24

86

q

quena 72
queso 58
quince 27
quinto 27
quiosco 19

r

rábano 61
rabo 40

radar 49
radiador 10
radiocasete 10
rama 29
ramo 36
rana 43
rápido 56
raqueta 2
raro 57
rastrillo 41
raya 52
rayo 64
rayuela 29
rebaño 36
recortar 32
recreo 28-29
rectángulo 26
recto 14
regadera 41
regalar 54
regalo 66
regañar 32
regar 22
regla 24
reír 33
relámpago 64
reloj de cuco 10
reloj de pared 10
reloj de pulsera 30
remar 54
remo 51
remolque 41
remolacha 61
reptar 55
resbalar 33
resistente 57
restaurante-bar 19
retrato 11
retrete 4
revisor 48
revolcarse 55
rezar 22
rico 76
rienda 41
rinoceronte 70
río 36
rizado 34
robar 22
robot 69
rodilla 6
rodillera 30
rodillo 8
rojo 26
rompecabezas 25
rosa 26
   (color)
rosa 39
   (flor)
rosquilla 67
rubio 34
rueda 69

s

sábado 78
sábana 2
sacacorchos 67
sacapuntas 25
saco 46
saco de dormir 37
salado 77
salchicha 58
salero 66
salida 64
salir 22
salir el sol 75
salpicar 22
saltar 55
saltar a la pata coja 33
salto con pértiga 31
salto de altura 31
salto de longitud 31
saludar 12
salvaje 56
sandalia 51
sandía 63
sándwich 67
sano 56
sartén 9
saxofón 72
secador 5
secarse 12
seco 15
segar 55
segundo 27
seis 27
semáforo 18
semana 78
sembrar 55
sentado 35
señal de tráfico 44
señalar 23
separar 23
septiembre 78
séptimo 27
serpentina 66
serpiente 42
serrar 55
servicios 64
servilleta 8
servir 75
seta 36
seto 47
sexto 27
siempreviva 39
sierra 46
siete 27
silbar 33
silbato 48

silla 3
silla de montar 41
silla de ruedas 28
sillón 10
sirena 21
socorrista 51
sofá 10
sol 37
soldado 68
sólido 77
soltar 23
sombra 50
sombrilla 50
sonajero 3
soplar 23
suave 76
sube y baja 29
subir 22
subrayar 32
sucio 15
sudar 33
suelo 65
sujetar 23
surtidor de gasolina 44

t

taburete 4
tachar 32
taladradora 46
talar 55
tambor 73
tanque 69
tapado 56
tapia 46
tarde 78
tarta 66
taxi 20
taza 8
tazón 8
tebeo 58
techo 65
tejado 20
telaraña 65
teléfono 10
televisión 10
telón 65
tenazas 46
tender la ropa 13
tenedor 9
tercero 27
ternero 7
tiburón 52
tiempo 78

tienda de campaña 37
tigre 70
tijeras 24
timbal 73
tío 6
tiovivo 69
tirante 69
tirar 75
tiritar 54
tiro al blanco 69
tiza 24
toalla 4
tobogán 29
tocadiscos 11
tocar 13
toldo 47
tomar el sol 54
tomate 61
torcer 54
torcido 14
tormenta 64
toro 7 y 43
torpe 56
torre 65
torre de control 49
tortuga 53
toser 75
tostadora 9
trabajador 57
tractor 41
trampolín 47
tranquilo 56
trapo de cocina 8
travieso 35
trece 27
treinta 27
tren 48
trenza 29
trepar 33
tres 27
triángulo 26
    (forma geométrica)
triángulo 73
    (instrumento musical)
triciclo 47
tripa 6
triste 35
trombón de varas 72
trompa 72
trompeta 72
tropezar 33
tubo de escape 45
tumba 65
tumbado 35
tumbona 50
túnel 44
turbante 69
turista 49

u

último 57
unir 23
uno 27
urraca 42
uva 63
uva pasa 63

v

vaca 7
vacío 15
vagón cisterna 48
vagón de carga 48
vagón de coches 48
vagón de correo 48
vagón de pasajeros 48
valiente 76
valla 20
varita mágica 68
vaso 67
veinte 27
vela 11
veleta 41
venda 30
vendar 32
vender 74
ventana 20
ventanilla 48
ver 13
ver la televisión 13
verano 78
verde 26 y 77
verdura 60-61
verja 28
verruga 65
vestido 15
vía 48
viejo 14 y 34
viernes 78
vigilar 23
vinagreras 67
viola 73
violeta 26
    (color)
violeta 39
    (flor)
violín 73
violonchelo 73
vivo 56

volante 45
volar 55
voltereta 30

x

xilofón 73

y

yegua 7
yogur 8
yoyó 28

z

zanahoria 61
zanco 68
zapatería 19
zapatilla 2
zapato 10
zumo 8

87

ACTIVIDADES

Poner nombre a las cosas es mucho más que una actividad. Para un niño de cuatro, seis, ocho años, significa descubrir el lenguaje; significa diferenciarlo (poder distinguir, por ejemplo, entre su lengua materna y una segunda lengua); significa, en fin, hacerse dueño de un código sorprendente que le permitirá, poco a poco, comunicarse, expresar sus sentimientos, apropiarse de los conceptos...

Jugando es como mejor aprenden los niños de estas edades. Y jugando es como vamos a construir con ellos ese puzzle de símbolos, significados y significantes que es el uso inteligente de la palabra.

Las actividades que proponemos están dirigidas a los niños, uno o varios, y son introducidas por un adulto. Por eso se pueden disfrutar en casa o en el colegio.

El número que precede a cada grupo de actividades es sólo orientativo del nivel de dificultad que éstas encierran. Aunque la madurez mental y psicológica del niño es definitoria y, desde luego, escapa a cualquier cálculo matemático, el 1 correspondería a actividades apropiadas para un nivel elemental (cuatro o cinco años); el 2 resulta adecuado para niños de seis o siete años, aproximadamente; y el 3, a partir de los siete años. No obstante, hemos intentado que todos los juegos se desarrollen dentro de unos parámetros de capacidades, gustos y necesidades característicos de la etapa psicológica que coincide con la segunda infancia.

Aunque las actividades que sugerimos suelen encajar perfectamente con el bloque temático propuesto, en la mayoría de los casos su dinámica se puede adaptar a otras escenas de este diccionario en imágenes. De hecho, éste es un libro rico en imágenes; y todas las imágenes tienen nombre, aunque no todos los nombres de cada lámina estén representados en las viñetas correspondientes. El vocabulario en orden alfabético que precede a estas páginas encuentra así plena justificación.

> Nivel de dificultad de las actividades:
>
> 1. Muy fácil.
> 2. Fácil.
> 3. No tan fácil.

• • • • • • • • • • • • •

EN EL DORMITORIO (págs. 2-3)

1. Mira bien el dibujo de las páginas 2-3. Veo, veo... cosas que empiezan por a y cosas que empiezan por c.
   [Si se hace entre un niño y un adulto, se puntúan los aciertos. Si es en el colegio, el juego se hace en corro; y el alumno que no acierte queda eliminado.]
   Ahora cuéntanos cómo es tu habitación. ¿Qué hay en ella? ¿Se parece a la del dibujo?

2. Una cama, una cuna y una litera, ¿en qué se diferencian? ¿Y en qué se parecen? ¿Qué otros tipos de camas conoces? Dibújalos.

3. ¿Aprendemos a hacer la cama?
   [En el colegio se puede realizar esta actividad con todo lo necesario y con una colchoneta sobre una mesa.]
   Primero ponemos la sábana bajera y la remetemos por debajo del colchón, por los cuatro lados. Después ponemos la sábana encimera, de modo que cuelgue por los cuatro lados. Sobre la sábana ponemos la manta y, encima, la colcha. La manta y la colcha sólo cuelgan por los lados y por la parte de los pies. Remetemos bajo el colchón la sábana, la manta y la colcha, por la parte de los pies y por los lados, para no enfriarnos. Y después doblamos la parte de arriba de la sábana encimera sobre la colcha (eso es el embozo). ¡Ya está! ¡Qué sueño...!
   Si tú haces tu cama de otra manera, dinos cómo la haces.

EN EL CUARTO DE BAÑO (págs. 4-5)

1. Fíjate bien en el dibujo. Ahora, ¿eres capaz de terminar estas frases sin mirar el libro?
   — El grifo del lavabo está ... [cerrado].
   — Hay un bebé sentado en ... [un orinal].
   — La niña se está ... [pesando].
   — El padre está en ... [pijama].
   — Hay ... grifos [tres].
   — El secador está ... [sobre el retrete].

2. ¿Verdadero o falso? Cuando creas que una frase es falsa, di tú la verdadera:
   — El cepillo de dientes sirve para hacer cosquillas.
   — El jabón sirve para lavarse.
   — La bañera sirve para tener peces.
   — El peso sirve para pesarse.
   — La lima sirve para cortarse el pelo.

3. Cuando el papá se levanta por las mañanas, va al cuarto de baño y se afeita, se seca, se peina, se ducha, se pesa, se cepilla los dientes. Pero no en este orden, claro. ¿En qué orden? Primero..., segundo...

PARTES DEL CUERPO. LA FAMILIA (pág. 6)

1. Haz una U muy grande. Es una letra, pero también la cara de una muñeca. ¿Quieres terminar de dibujarla? Tiene el pelo negro y largo; la cara, rosa; la nariz, corta; los labios, pintados de rojo; las cejas, negras; y los ojos, verdes. Y sólo se le ve la oreja derecha.

2. El poeta despistado ha escrito varios disparates. Descubre dónde.

   > ¡Qué frío! ¿Qué me pondré?
   > Unos guantes en los pies,
   > calcetines en las manos,
   > el abrigo en las orejas
   > y en los ojos, los zapatos.

3. Gordillo y Angulín son muy buenos amigos, pero no se parecen en nada: son completamente opuestos. Por ejemplo, Gordillo es alto y Angulín es bajo. Gordillo tiene el cuello corto, la espalda ancha, la tripa abultada, las piernas gordas y los pies grandes; y Angulín tiene el cuello ... [largo], la espalda ... [estrecha], la tripa ... [plana], las piernas ... [delgadas] y los pies ... [pequeños].
   Dibuja el retrato de Gordillo y Angulín.

   Copia en grande este dibujo, y di o escribe el nombre y el apellido de las personas de tu familia en el lugar correcto (puedes añadir o quitar lo que haga falta).

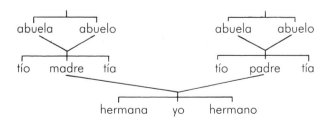

FAMILIAS DE ANIMALES (pág. 7)

1. La familia de gatos está compuesta por el gato, que es el padre; la gata, que es la madre; y los gatitos y las gatitas, que son los hijos.
   Ahora dinos tú por quiénes está compuesta la familia de perros. ¿Y sabes quiénes forman la familia del caballo? ¿Y la del gallo? Fíjate en los dibujos y señálalos. Si puedes,

lee también cómo se llaman **y escribe** los nombres en tu cuaderno.

2. **Observa** a los animales de la página 7. Hay un cordero, una gallina, un caballo, un gallo, un gato, etc. Haz dos grupos. Pon en el grupo A todos los que tienen cuatro patas, y en el B, todos los que tienen dos. Luego, mira las ilustraciones y piensa en qué otras cosas **se diferencian** los dos grupos de animales. Por ejemplo, ¿todos nacen de un huevo? ¿Cuáles no?

3. Las personas tenemos brazos, manos, piernas y pies. En cambio, ¿qué tienen los caballos? ¿Y los pollos?
Ahora estoy pensando en un animal que no tiene patas, ni alas, ni pelos, ni plumas, y que ni anda ni vuela. **¿Qué puede ser?** [un pez].

EN LA COCINA (págs. 8-9)

1. Al niño no le gusta que la leche tenga nata. ¿Dónde está el colador? Ayúdale a buscarlo. Cuando lo encuentres, explícale **dónde está**. No vale decir *aquí* ni señalar.
Ahora **cuéntanos** cuál es tu desayuno favorito. ¿Tomas leche también?

2. **Imagínate...** Después del desayuno, la cocina ha quedado muy desordenada: la cafetera está en el horno; las cucharas, en el congelador; los yogures, en la cazuela; el trapo de cocina, en la nevera... Por favor, pon **cada cosa en su sitio**.

 Aprendemos a poner la mesa:
 Extiende el mantel. Pon a cada uno un plato llano y, encima, un plato sopero. La cuchara y el cuchillo, a la derecha del plato. El tenedor, a la izquierda. El vaso, detrás del plato. La servilleta, a la derecha, junto a la cuchara. Y el pan, a la izquierda del vaso. ¡Gracias por la ayuda!

3. Hay alimentos salados, dulces, ácidos, agrios y amargos. ¿Los probamos? Tomaremos aceitunas y patatas fritas para experimentar **el sabor** salado; un caramelo, para el sabor dulce; chuparemos un trocito de limón, para el ácido; una cucharada de yogur natural sin azúcar, para el agrio; y una hoja de alcachofa, para el amargo.
 [Es interesante realizar esta actividad en clase.]

EN EL CUARTO DE ESTAR (págs. 10-11)

1. Frío, frío... Caliente, caliente.
 El gato ha escondido un ovillo de lana de la abuela. ¿Sabes dónde está el ovillo? **Mira el dibujo.** Fíjate en la página de la izquierda. Detrás del sofá, donde está sentado el padre, hay una planta. El ovillo está entre la pared y la planta. Pero no se ve, claro.
 Ahora **cuéntanos** qué hace cada uno de los personajes que aparece en el dibujo.

2. Con la lista de la derecha **completa** las frases de la izquierda:
 — *La piel de gato es ...*   encendido
 — *La tele está ...*   apagada
 — *El fuego de la chimenea está ...*   suave
 — *El sofá es ...*   en marcha
 — *El reloj está ...*   cómodo

3. **Dibuja** un cuadrado. Es un cuarto de estar sin muebles. Vamos a hacer el plano:
 [Se puede trabajar en el colegio en parejas.]
 La puerta está a la derecha, en el centro del lado derecho. En medio hay una mesa. Enfrente hay una ventana, y delante de la ventana, el sofá. A cada lado del sofá hay un sillón. Y en la pared de la izquierda, una librería llena de libros. Junto al brazo derecho del sofá hay una lámpara de pie, y junto al izquierdo, una planta. Debajo de la mesa central hay una alfombra grande.
 Para saber la hora hay que **mirar el reloj**. A ver si conoces cuatro clases de relojes.
 Además, pinta cuatro redondeles grandes. ¿Sabrías dibujar

en ellos las siguientes horas? Las cuatro menos diez; las diez y cuarto; las seis y media; la una y diez.

LA CALLE DE DÍA (págs. 18-19)

1. ¿Cuántos niños **ves** en esta escena? ¿Qué hace cada uno?

2. **¡Lo que me faltaba por oír!** Me parece que don Loque Trabalénguez se ha hecho un lío. Escucha, escucha lo que dice:
 "Voy a la iglesia a comprar libros. Voy al banco a rezar. Voy a la farmacia a sacar dinero. Voy al parque a comprar medicinas. Voy al cine a jugar. Voy a la librería a ver una película."
 ¿Quieres explicarle tú a qué se va a cada lugar? Y a una óptica, ¿a qué vas?

3. **Completa** estas frases (cada raya es una letra):
 — *El pintor _ _ _ _ _ cuadros.*   [pinta]
 — *El cartero _ _ _ _ _ _ _ cartas.*   [reparte]
 — *El panadero _ _ _ _ _ pan.*   [vende]
 — *Y la grúa, ¿qué hace? _ _ _ _ _ _ _ _ un coche.* [arrastra]
 A propósito, en este dibujo hay dos grúas muy distintas. ¿Dónde están? ¿Y para qué sirve cada una? **¿Se te ocurren más palabras** que se escriban igual y signifiquen cosas distintas? A mí, sí: la palabra *banco*. ¿Hay alguno dibujado en las páginas 18-19 y 20-21? ¿De qué tipo?

LA CALLE DE NOCHE (págs. 20-21)

1. **Fíjate** en las páginas 18-19 y 20-21. Han cambiado muchas cosas. Di tres muy importantes.
 ¿Qué ocurre en la calle? ¿Por qué hay tanta gente mirando? ¿Hay algún taxi libre? Por cierto, ¿cómo sabes si un taxi está libre de noche?

2. En la calle hay vehículos distintos y cada uno sirve para una cosa. **¿Para qué?** (taxis, autobuses, grúas, ambulancias...).
 Ahora, ¡vamos a trabajar!:
 El señor que barre es un ... [barrendero]; *el que apaga el fuego, un ...* [bombero]; *el que conduce un taxi, un ...* [taxista]; *el que manda parar los coches o seguir circulando es un ...* [guardia].
 ¿Conoces más profesiones? ¿Cuáles?

3. Un señor extranjero que está viendo el incendio comenta lo siguiente:
 "Bomberos venir enseguida. Mi pensar bomberos apagar pronto fuego. Mi no saber si haber heridos. Querer ayudar pero policía no dejar acercar."
 ¿Quieres enseñarle a **decir correctamente** estas frases?

 Ahora, **cinco preguntas rapidísimas:**
 a) *Si oigo la sirena de un coche, es que viene una ...* [ambulancia], *o un ...* [coche de policía], *o los ...* [bomberos].
 b) *El paso de cebra, ¿es sólo para cebras? Por cierto, ¿qué es una cebra?*
 c) *¿Cuáles son los colores de los semáforos?*
 d) *¿De qué color debe estar la luz del semáforo para que crucen los peatones? ¡Ah, bueno!*
 e) *¿Qué diferencia hay entre acera, calzada y bordillo?*

EN CLASE (págs. 24-25)

1. ¿Cómo se llama el compañero que tienes a tu derecha en clase? ¿Y el que está a tu izquierda? **Dinos** cómo son. Aprendemos a **escribir** sus nombres.

2. Un niño de la clase ha escrito en la pizarra el **dictado** para corregirlo. Y ha puesto cosas muy raras. ¿Quieres corregírselo tú?
 Dictado:
 Se acerca el primavera. Los días son más largas y la sol calienta más. Si vas al campo verás que la hierba nuevo empieza a brotar, y que los árboles poco a poco

se van llenando de hojitas verdes y brillante. Hay flores pequeños por todas partes y parece que las pájaros se han vuelto locas: ino hacen más que piar!

3. **Ordena tu pupitre.**
Recorta trocitos de papel. Luego, **escribe** en ellos las palabras que conozcas para nombrar objetos que sirven para escribir, objetos que sirven para sentarse y objetos que sirven para hacer trabajos manuales. Una caja vacía te servirá de pupitre. De todos los papelitos que has escrito, ¿cuáles guardarás en ella?

COLORES Y FORMAS GEOMÉTRICAS (pág. 26)

1. Coge un lápiz negro y una hoja de papel. **Dibuja** una casita, un árbol a cada lado y, delante, un caminito. En el cielo, sobre la casa, dibuja una nube.
Está un poco triste, ¿verdad? Pues ahora dibuja el Sol y pon colores a tu dibujo, los que tú quieras. ¿Te gusta más así?

2. A veces llueve y sale el Sol a la vez. Entonces aparece en el cielo un arco de siete colores; es el arco iris. Siempre tiene los mismos colores: rojo, anaranjado, amarillo, verde, azul, añil (es parecido al azul oscuro) y violeta. **Pinta** el arco iris en tu cuaderno. En el libro también hay uno dibujado. ¿Dónde está? [en la página 31].

3. Las monedas son redondas, y los billetes, rectangulares. **Piensa** en otras tres cosas redondas y en tres rectangulares.
Vamos a hacer **experimentos**.
Coge un lápiz rojo y pinta flojito. Pinta encima con un lápiz amarillo. ¿Qué color has conseguido?
Ahora pinta primero con un lápiz azul y, sobre el azul, pinta con un lápiz amarillo. Si lo haces bien, conseguirás el color de la hierba, que es ...
Haz lo mismo con el rosa y el azul. ¿Qué color sale?

NÚMEROS Y ABECEDARIO (pág. 27)

1. **Contamos muy deprisa** del 1 al 20. El primero que se equivoque o se calle, queda eliminado.

2. ¿Sabrías decir dos palabras que empiecen por a? ¿Y por b? ¿Y sabrías hacer lo mismo con todas las letras del abecedario?

3. **Piensa** un número. Los demás tratan de adivinar cuál es. Tú los ayudas indicándoles si el número que dicen es mayor o menor que el que tú has pensado.
Ahora más difícil todavía. **Piensa** otro número. Escríbelo sin que nadie lo vea. Súmale 3, réstale 1, multiplica por 4 y divide por 4, réstale 2. Si lo haces bien, tiene que darte de resultado el número que habías pensado.

EN EL RECREO (págs. 28-29)

1. **Fíjate** en los juegos que hay en el patio del recreo. ¿**Cómo se llaman**? ¿En tu cole también jugáis a eso?
Ahora **fíjate** en las personas. Hay muchos niños y niñas. También hay profesores. ¿**Cuántos**? ¿Y **dónde** están, a la derecha o a la izquierda del dibujo? ¿En la parte de arriba, en la de abajo o en el centro?

2. **Completa** estas frases:
— Hay una niña pegando cromos ... un álbum.
— Un niño intenta meter el balón ... la canasta.
— Unas niñas quieren deslizarse ... el tobogán.
— Pepe juega al fútbol ... sus amigos.
— Un grupo de niños juega ... las cartas.

3. El recreo es a las once y son las diez y veinte. ¿**Cuánto falta** para que suene el timbre del recreo?

EN EL GIMNASIO (pág. 30)

1. ¿Sabes dar la voltereta?
En una colchoneta, ponte de pie, en forma de I. Dobla el

cuerpo en forma de una U boca abajo. Pon las manos en el suelo en forma de V. Dobla las piernas en forma de Z. Mete la cabeza entre las piernas y ponte en forma de O; más, más. Date un impulsito hacia adelante, levanta las piernas y termina de hacer la O entera con el cuerpo. ¡Bravo!

2. En el gimnasio hay un niño que tiene agujetas; otro, que tiene cardenales; otro, con un chichón; otro, con una venda en la pierna... ¡Nada grave! **Explica** qué es lo que les pasa.

3. ¡Cuántos aparatos! ¿**Qué se puede hacer con ellos**? Por ejemplo, ¿qué haces en una cama elástica? ¿Y en una colchoneta? ¿Y en el potro? ¿Y en las anillas? ¿Y en las paralelas? ¿Y en las espalderas?
¡Uf, qué cansancio!

EN EL ESTADIO (pág. 31)

1. "¡Señoras y señores, la prueba de salto de altura va a empezar! Las atletas están preparadas. Se han quitado el chándal. La representante de España lleva pantalón corto azul marino, camiseta roja y zapatos de tacón amarillos. En la espalda lleva el número 3..."
El locutor de televisión **se ha confundido** en algo. ¿En qué?

2. El podio es el lugar donde se suben los tres atletas que han quedado mejor en una prueba. El primero se sube al escalón más alto, que está en el centro; el segundo se coloca a la derecha del primero, en un escalón más bajo; y el tercero, a la izquierda del primero, en el escalón más bajito.
¿Por qué no los **dibujas**? No te olvides de ponerles las medallas. Al primero, de oro; al segundo, de plata; y al tercero, de bronce (el bronce es de color naranja).

3. ¿Podrías decir **el nombre de** diez pruebas de atletismo? Si no sabes los diez, coge un lápiz y un papel y pregunta a tus amigos hasta completar la lista. También puedes fijarte en la escena de la página 31. Pero sólo en caso de emergencia...

DE EXCURSIÓN EN EL CAMPO (págs. 36-37)

1. **Dictado de dibujos.**
Dibuja lo siguiente:
Estoy viendo el campo. En medio de una pradera hay un río. Y sobre el río, un puente. A los lados del río hay árboles altos y delgados. Detrás del río, a lo lejos, se ven montañas.
Colorea tu dibujo como más te guste.

2. En qué **se parecen** y en qué **se diferencian** un río, un riachuelo, un lago y una cascada.

3. El Sol sale todas las mañanas por el Este y se pone por el Oeste. Si te colocas de forma que el lado por donde ha salido el Sol esté a tu derecha, tendrás el Este a tu derecha, el Oeste a tu izquierda, el Norte delante y el Sur detrás.
Ahora mira bien el dibujo y supón que el Sol ha salido por la derecha. ¿Qué hay al norte de este paisaje?

ÁRBOLES (pág. 38)

1. **Fíjate** bien en estos árboles. Tienen distinta forma y distinto color, pero todos tienen raíz, tronco, ramas y hojas, ¿sí o no? La raíz no se ve, está dentro de la tierra; es como los pies del árbol. El tronco es como el cuerpo; las ramas, como los brazos, y las hojas, como los dedos.
Ahora vamos a jugar a **Veo, veo...** Empiezo yo. Veo, veo... un árbol que tiene forma de cucurucho [el abeto]. Te toca a ti.

2. Hay árboles que dan frutos. **Seguro que sabes** cuál es el fruto del olivo, del almendro, del naranjo, del cerezo o del ciruelo. Pero ¿cuál es el fruto del pino? ¿Y el de la encina? ¿Y el del nogal?

3. **El poeta despistado** ha escrito varios disparates. Descubre dónde.

> *Un pajarito travieso*
> *se comía las naranjas*
> *que encontraba en el cerezo.*
> *Voló a la copa de un pino*
> *y, sentado en una rama,*
> *se bebía todo el vino.*
> *Y luego, empezó a cantar:*
> *—Pío, pío, qué ricas están*
> *las almendras del nogal.*

FLORES (pág. 39)

1. **Vamos a mirar** las fotografías. **Elige** las flores que más te gusten, **dibújalas** en tu cuaderno, como en el modelo, y **coloréalas**.

2. **Experiencia** [para el mes de abril].
Compra una planta pequeñita de petunia. Observa las raíces: por ahí se alimenta del agua y de las sustancias que toma de la tierra. El tallo es verde y fino, y sujeta la planta. Tiene hojas verdes pequeñitas que salen del tallo. Si introduces bien las raíces dentro de la tierra, en una maceta grande, y si la riegas un poco todos los días y procuras que le dé el sol un ratito, la planta crecerá pronto y dará muchas flores durante todo el verano.
No olvides nunca que una planta es un ser vivo.

3. **Jugamos a ser detectives.** Hay flores que crecen en las praderas; otras que crecen en cualquier maceta; otras, en el agua, y otras, en la montaña, entre rocas.
Mira las fotografías. ¿Podrías decir dónde crecen las que ves?

EN LA GRANJA (págs. 40-41)

1. Estoy viendo un animal que hace *Muuu...* Otro que hace *Guau.* Hay más, muchos más, ¡y qué jaleo están organizando! *Kikirikí... Cooo, coc, coc, cooo... Cua, cua... Pío, pío... ¡Hihihihihi...! ¡Oing, oing! Beeeee... Ia, ia... Glo, glo.*
¿De qué animales hablo?

2. Ya lo ves, en la granja viven muchos animales domésticos: ovejas, cerdos, patos, conejos, leones, caballos...
¿Me he equivocado? ¿He dicho algún animal salvaje?

3. **El poeta despistado** ha escrito varios disparates. Descubre dónde.

> *La gallina pone huevos;*
> *dulce miel nos da la vaca;*
> *la abeja, jamones buenos,*
> *y el cerdo, una suave lana.*
> *¡Qué granja!*

ANIMALES 1 (págs. 42-43)

1. **Mira** las fotografías de las páginas 42 y 43. ¿Cuál es el animal más pequeño? ¿Y el más grande? **Numéralos** de menor a mayor. Pon un 1 al menor.

Ahora **dibuja** un conejo, una trucha y un pájaro. Y detrás de cada animal, el lugar donde suelen vivir: un río, un prado y un árbol. No te confundas y dibuja a cada uno con el suyo.

2. Algunos animales tienen el cuerpo cubierto de piel con pelos; otros lo tienen cubierto de escamas; otros tienen plumas; otros, la piel lisa...
¿Serías capaz de **decir** cómo tiene la piel cada animal con sólo mirar las fotografías?

Dinos cuáles son tus tres animales favoritos **¿Por qué?** Tendrás por lo menos dos razones, ¿no?

3. Hay una fiesta. Cada animal macho va con su pareja hembra. ¿Cuál es la pareja del oso, del lobo, del toro, de la rana, del águila, de la ardilla y del caballo? **Escribe** los nombres de cada pareja.

En estas fotografías están todos los animales asistentes a la fiesta. Sin decir sus nombres y sin señalar sus fotos, tienes que **describirlos** para que los demás adivinen de qué animal estás hablando.
Empezamos nosotros: *Se parece a un sapo pero es más pequeña y tiene la piel menos arrugada* [la rana]. Ahora te toca a ti.

EN COCHE (págs. 44-45)

1. *"Para ser conductor de primera, acelera, acelera.*
Para ser conductor de primera, acelera, señor conductor."
¿Qué le decimos al conductor **en esta canción**, que corra más o que corra menos?
Y si le pedimos que frene, ¿qué le queremos decir?

2. ¿A que no sabes cuántas ruedas lleva un coche? **Piénsalo** bien [¿has contado la rueda de repuesto?].
Otra pregunta: **¿para qué** paramos en una gasolinera? ¿Y para qué más?

3. **Dibuja el plano** siguiente:
Mari Prisas quiere llegar a la gasolinera y no sabe dónde está. Pregunta a un taxista, y éste le indica: *"Está usted en la calle Mayor. Siga recto hasta llegar al semáforo. En el semáforo, dé al intermitente para torcer a la derecha. Luego vaya por la primera calle a la derecha otra vez. Después, por la segunda a la izquierda. Llegará a un paso de cebra; siga recto. Después del tercer cruce hay una plaza. A la derecha hay una gasolinera. ¡Pero cierra a las 8 y son las 7.45! ¡Dese prisa!"*

EN UNA OBRA (pág. 46)

1. **¿Qué ves** a la derecha, delante de la casa y debajo de un andamio? [hormigonera]. ¿Y qué ves delante de la casa, a tu izquierda? [apisonadora].

Al pintor se le ha perdido la brocha. ¿Sabes tú dónde está? Te damos dos pistas: al lado de un bote de pintura, junto a unos tablones.

2. Mira el dibujo y encuentra tres **palabras** que empiecen por la letra c.
¿Sabrías decir dos palabras relacionadas con la casa y que empiecen por *tej-*?

3. **¡Manos a la obra!**
[Este juego se lleva a cabo entre dos equipos: un niño y un adulto, o una clase dividida en dos grupos.]
El equipo A tiene preparadas cinco preguntas como las del ejemplo, dirigidas al equipo B. Y el equipo B tiene otras cinco para el equipo A. Gana el equipo que consiga más respuestas correctas.
Ejemplo: **¿Para qué sirve...** cemento, tierra, pintura, ladrillos, pico, pala, madera, clavo, grúa, martillo, excavadora, destornillador, etc.?

EN EL JARDÍN (pág. 47)

1. Este jardín está muy animado. ¿Cuántas personas hay? ¿Y animales? ¿Y vehículos?
Pero falta una cosa: una caseta para el perro. **Dibuja** en tu cuaderno la caseta y, dentro de la caseta, al perro asomándose por la puerta. ¿En qué parte del jardín colocarías la caseta? **¿Por qué?**

2. Fíjate en el dibujo y **cuéntanos un cuento** diciéndonos todo lo que ves y lo que hacen los personajes. El cuento empieza así: *"Érase una vez una familia feliz, que pasaba el domingo tranquilamente en el jardín de su casa..."*

3. **Mira el dibujo y completa** estas frases:
Un amigo de papá está asando chuletas en la ... Yo estoy a su lado y llevo un ... de ... en la cabeza. El amigo de papá se ha puesto un ... para no mancharse. Sobre la ... ha colocado más ... para que se vayan asando. Y coge las chuletas con unas ... para no quemarse. De vez en cuando, echa carbón vegetal para que no se ... el fuego.

EN LA ESTACIÓN DE TREN (pág. 48)

1. ¿Te has dado cuenta de que los trenes parecen gusanos? Pero el tren no tiene cabeza, tiene ...; no tiene cuerpo, tiene ...; y no tiene pies, tiene ... Además, el gusano es un animal y el tren una máquina.
   Pinta un tren y un gusano. ¡Ojo, aunque se parezcan, el tren es mucho más grande!

2. Cuando vayas a la estación, te encontrarás con el señor que te lleva las maletas al tren, el que da la salida al tren, el que te pide los billetes, el que conduce el tren, el que te da un refresco en el bar del tren. ¿**Qué nombre** se da a cada uno?
   Éstas son algunas de sus herramientas de trabajo: carrito, silbato, bandera. Dale a cada uno la suya.

3. **Imagínate** que viajas en un tren que sale de Burgos y va a Sevilla. **Mira en un mapa** por qué ciudades importantes tienes que pasar. **Dibuja** la ruta.

EN EL AEROPUERTO (pág. 49)

1. El aeropuerto es el lugar donde despegan y aterrizan los aviones.
   ¿De dónde salen y adónde llegan los trenes? ¿Y los barcos?

2. **Imagínate** que vas al aeropuerto con tu hermano pequeño, que lo pregunta todo y no te deja en paz hasta que le respondes; seguro que te preguntaría:
   — ¿Qué hace el piloto? ¿Y la azafata?
   — ¿Cómo se llama esa carretera tan larga por la que van los aviones?
   — ¿Por qué hay carritos, como en el hipermercado?
   — Y esas pantallas negras con letras blancas, que están en alto, ¿para qué sirven?
   ¡Uf, qué niño!

3. **Completa el mensaje** del piloto para saber a qué ciudades se dirige este avión (tienes que poner las vocales que faltan):
   Est_ _v__n v_ a V_n_z__la, y l__go a S_nt_ D_m_ng_, y d_sp__s a L_sb_a.

EN LA PLAYA (págs. 50-51)

92

1. Vamos a dar **un paseo en barca**. Coge todo lo que vas a necesitar: los remos, las gafas de bucear, el flotador, el bañador, la toalla, la crema para el sol, un ojo de buey, la sombrilla, el sombrero, un cangrejo, una sartén...
   Son muchas cosas. Algunas sobran, ¿verdad? Vamos a ver...

   Ahora haz una raya en tu cuaderno de izquierda a derecha. **Pinta** la parte de abajo de verde claro: es el mar. Y la de arriba, de azul claro: es el cielo. Ahora dibuja un pez en el cielo. Y un pájaro dentro del agua. Y dibújate a ti, sentado en el fondo.
   ¿Qué ocurre en este dibujo? ¿Crees que el pájaro, el pez y tú estáis donde debéis estar? Corrige, corrige.

2. ¿**Qué necesitan** para moverse? Busca en la lista de la derecha.

Un barco de pesca	Unos remos
Una barca	Un motor
Un velero	Las manos
Una colchoneta	Una vela

   Cierra los ojos y escucha:
   Vamos a imaginarnos una playa. Tiene forma de U, una U muy ancha. Está llena de arena. La arena se parece al azúcar, pero tiene color de galleta. El mar es azul oscuro. El agua del mar llega despacito hasta la orilla. A veces, el viento levanta el agua y se forman las olas. Las olas llegan a la orilla llenas de espuma. Hay dos niños jugando en la arena mojada. A la derecha hay unas rocas y, sobre las rocas, gaviotas. A la izquierda, en el mar, se ven cuatro barquitos. El Sol se esconde por el horizonte. Parece una

bola roja; cuando se esconda del todo se hará de noche. El horizonte está a lo lejos, donde parece que el cielo esta pegado al mar.
Ahora **dibuja y colorea** tu playa.

3. **Fíjate** en el dibujo. Dentro de una botella cerrada hay este mensaje:

   ¡Hola, soy Tobías! ¡A ver si me encuentras! Colócate en el quiosco del final del paseo marítimo. Anda hasta dejar atrás las cuatro escaleras. Continúa hasta pasar una barca y llegar a una sombrilla de rayas verde, amarilla, naranja y marrón. Desde allí vete a una sombrilla de flores. Yo estoy entre los niños de la lancha neumática amarilla y el chico que está jugando a las palas. No toco el suelo y no llevo bañador. ¿Quién soy? [el perro].

ANIMALES 2 (págs. 52-53)

1. **Fíjate** en los peces. Viven dentro del agua, y para moverse de un lado a otro... ¿qué hacen? ¿Tienen patas? ¿Y alas? ¿Qué tienen? ¡Ah, claro!

   En los mares de agua templada hay peces de muchos colores. **Dibuja** un cuadrado: es tu acuario. Píntalo de verde pálido: es el agua. Pinta dentro pececitos de colores: son tuyos, tienes que darles de comer todos los días.

2. **Mira** las fotografías.
   Todos estos animales marinos tienen diferente tamaño. Puedes **ponerlos en orden** empezando por el más pequeño. **Escribe** en tu cuaderno los nombres ya ordenados.

   Hay animales marinos con escamas; otros, con la piel fina y suave; otros, con concha... ¿**Sabrías decir el nombre** de dos animales marinos con escamas, dos con concha y dos con la piel lisa?

3. Cuando traigan pescado a casa, fíjate bien en su piel, en su color, en su forma, en las aletas, en la cola... A los lados de la cabeza tiene dos aberturas; y dentro, como dos esponjas rojas: son las branquias, por ahí respira. En la boca le verás dientes chiquititos y afilados. Tiene los ojos transparentes, como cristales.
   Dibuja un pez y luego **compáralo** con uno de verdad.

   ¿**Sabías que** la ballena necesita salir a la superficie para respirar aire de vez en cuando? Eso les pasa también a los d... [delfines].

EN EL HIPERMERCADO (págs. 58-59)

1. **Piensa** en cinco alimentos con forma redonda que puedes comprar en un hipermercado.
   [tomates, uvas, huevos, naranjas, sandías].

2. Utiliza en cada hueco las palabras o frases que te parezcan más acertadas: hipermercado, carrito, lista de la compra, cogiendo, alimentos, caja.
   Una vez por semana, mis padres van al ... con el coche. Papá lleva el ..., y mamá, la .... Mamá va ... de las estanterías todos los .... Después, con el carrito lleno, pasan por la ... para pagar.

   ¿**Sabes el nombre de** cinco envases para alimentos? [paquete, lata, botella, bolsa, tarro, etc.].

3. Una señora quiere comprar 18 huevos, pero no sabe calcular el precio porque en el cartelito pone: 200 pesetas la docena. ¿Puedes ayudarla tú?

   ¿**Sabrías** escribir la lista de la compra en clave? **Copia en tu cuaderno** la lista que te damos y **haz el dibujo** de las palabras que aparecen entre paréntesis:
   2 kilos de (tomates) maduros   2 (pescadillas) pequeñas
   1 kilo de (plátanos)   3 (botellas) de leche
   1/2 kilo de (puerros)   1 (barrita) de mantequilla
   1/4 kilo de (cerezas)   1/2 docena de (huevos)

VERDURAS, CEREALES, LEGUMBRES (págs. 60-61)

1. Fíjate bien en la fotografía y, sin mirar los nombres, **di cómo se llaman** todas las verduras verdes que haya.
   ¿En qué **se parecen** y en qué **se diferencian** un puerro y una coliflor?

2. ¿Qué pesa más, un kilo de patatas o un kilo de acelgas?

3. Estoy pensando en una verdura... ¡**A ver si aciertas** cuál es con sólo diez preguntas! Luego piensa tú y adivino yo [tomate].

FRUTAS Y FRUTOS (págs. 62-63)

1. Mira las fotografías. ¿Conoces todas las frutas? Algunas tienen hueso dentro. **¿Sabes cuáles?**
   Hay una fruta que seguramente te gusta mucho: no tiene hueso ni pepitas; sólo piel. Es el ... [plátano].

   Pinta un frutero y, dentro, las cuatro frutas que más te gustan. Pero tienes que decir **cómo se llaman**.

2. **Corta** por la mitad una manzana, una fresa y un melocotón. Observa la piel, las semillas..., todo. ¡Qué diferentes son! ¿Verdad?
   ¿Cómo tiene la piel la manzana? ¿Y la fresa? ¿Y el melocotón?

3. Si decimos que *una fruta está verde* no es lo mismo que si decimos que *una fruta es verde*. **¿Cuál es la diferencia?**

   Si quitas las dos primeras letras de todas las palabras **entenderás** lo que dice el frutero:
   "Reseñora, reno retoque relas reciruelas reporque rese reestropean. Reestá reprohibido retocar relas refrutas. Relo resiento."

EN EL CINE (págs. 64-65)

1. A la izquierda del dibujo, en la fila séptima, hay una niña, y en la novena, un niño. **¿Cuál de los dos** está más cerca de la pantalla?

2. Fíjate en la pantalla. **¿Por qué** crees que es una película de miedo?

   Hay un niño que quiere ir al servicio. Para salir al pasillo, tiene que levantarse y pasar por delante de una señora que está sentada a su izquierda. **¿Dónde está** sentado ese niño? [es el niño que tiene las palomitas].

3. **Escribe una carta** a un amigo contándole una película que te haya gustado mucho. ¿Puedes hacerla en diez líneas?

EN UNA CAFETERÍA (págs. 66-67)

1. **¿Cómo son** las mesas de esta cafetería? ¿Redondas o cuadradas? ¿Grandes o pequeñas? ¿Iguales o diferentes? ¿Están separadas o juntas?

   En una cafetería se puede tomar café con leche, batidos, agua, jarabe, champú... ¡**Ay, que me equivoco!**

2. **¿Por qué** crees que están celebrando un cumpleaños? ¿Cuántos años cumplen? ¿Cómo lo has sabido?
   Cuando sea tu cumpleaños, **¿te gustaría** invitar a tus amigos a una fiesta? ¿Qué pondrías de merienda? ¿Y para beber?

3. Vamos a hacer un batido poniendo en la batidora los nombres de todos los objetos del dibujo que empiecen por *c* o por *t*. ¿Cuántos "ingredientes" se te ocurren?

EN FIESTAS (págs. 68-69)

1. ¿Has estado alguna vez en las fiestas? Puedes comer muchas "porquerías ricas". ¿Puedes decir por lo menos siete?

2. Son las fiestas del pueblo. Hay una rueda con números del 1 al 6. Cada número tiene un premio. Hay que darle con fuerza a la rueda. Si se para en el 1, te toca algo para masticar; en el 2, algo para jugar; en el 3, algo para comer; en el 4, algo para alumbrar; en el 5, algo para hacer; y en el 6, algo para irse a la cama.
   Une con una raya desde el número hasta el premio correspondiente. Están desordenadas.

1	balón
2	chicle
3	linterna
4	caramelo
5	pijama
6	construcciones

3. El **teatro de guiñol** va a comenzar, pero a los personajes se les ha olvidado lo que tenían que decir. ¡Qué desastre! **¿Puedes inventarlo tú?** Los sacarás de un apuro.
   LA BRUJA:
   LA NIÑA:
   EL PRÍNCIPE:

ANIMALES 3 (págs. 70-71)

1. **¿Te imaginas** el tamaño de los animales que ves en la foto? ¿Son como tú, mayores o menores?
   ¿Son iguales un camello y un dromedario? **Fíjate** en sus jorobas.
   Busca en las fotografías un animal que tiene forma de burro y rayas en la piel. ¿Cómo se llama?
   ¿Cómo distingues un tigre de un leopardo? ¿Y de un león?

2. Alguna vez habrás visto un animal salvaje en un zoo o en un circo.
   No digas su nombre, **imítalo**. ¿Cómo anda? ¿Qué ruidos hace? ¿Qué come? A ver si acierto; es...
   Luego hacemos al revés.

   Si haces un safari fotográfico por África, verás familias de leones tumbados, durmiendo la siesta. **¿Cómo sabes** quién es la madre y quién es el padre?

3. **Un secreto**: los gorilas son buenos. Rara vez se enfadan. Se parecen mucho a los monos. Pero son distintos. **Observa** las fotografías y **di en qué se diferencian**.

INSTRUMENTOS MUSICALES (págs. 72-73)

1. ¿Puedes encontrar los platillos en las fotografías? No son dos platos pequeños; es un instrumento musical que suena cuando se golpean las dos partes.
   Puedes **jugar a** tocar los platillos con dos tapaderas planas de cacerola. Coge una con la mano derecha, por el asa, y la otra con la mano izquierda. Golpéalas una contra otra, por la parte plana. ¡Flojito, por favor!

2. Sopla, sopla, **a ver si suenan**: guitarra, arpa, trompeta, saxofón, piano, flauta.
   De todos ellos, sólo sonarán tres. ¿Cuáles?
   Como ves, hay instrumentos de cuerda, de percusión y de viento. Fíjate en la guitarra y en el arpa. ¿A qué grupo pertenecen? Son los más fáciles de acertar. Los de viento suelen tener una boquilla para soplar por ella y agujeritos para que salga el aire. Y los de percusión se tocan dando golpecitos con las manos, con los dedos, con unos palitos...
   Ahora sí que sabes a qué grupo pertenece cada instrumento.

3. Por favor, el violín ha perdido a su familia. Ayúdalo a encontrarla. Todos los que la componen empiezan por V o por C.
   Si imitamos el sonido de algunos instrumentos musicales podemos formar una orquesta. Pero primero será mejor que oigamos música y aprendamos a distinguir los sonidos de los instrumentos.

ÍNDICE

En el dormitorio	págs. 2-3
En el cuarto de baño	4-5
Partes del cuerpo. La familia	6
Familias de animales	7
En la cocina	8-9
En el cuarto de estar	10-11
En acción	12-13
Di cómo es..., di cómo está...	14-15
Di dónde está...	16-17
La calle de día	18-19
La calle de noche	20-21
En acción	22-23
En clase	24-25
Colores y formas geométricas	26
Números y abecedario	27
En el recreo	28-29
En el gimnasio	30
En el estadio	31
En acción	32-33
Di cómo es..., di cómo está...	34-35
De excursión en el campo	36-37
Árboles	38
Flores	39

En la granja 40-41

Animales 1 42-43

En coche 44-45

En una obra 46

En el jardín 47

En la estación de tren 48

En el aeropuerto 49

En la playa 50-51

Animales 2 52-53

En acción 54-55

Di cómo es..., di cómo está... 56-57

En el hipermercado 58-59

Verduras, cereales, legumbres 60-61

Frutas y frutos 62-63

En el cine 64-65

En una cafetería 66-67

En fiestas 68-69

Animales 3 70-71

Instrumentos musicales 72-73

En acción 74-75

Di cómo es..., di cómo está... 76-77

Cómo pasa el tiempo 78

Vocabulario 81-87

Actividades 88-93

Ilustraciones: Gusti

Actividades: Isabel García Olasolo

Fotografías: Javier Calbet, Sonsoles Prada, J. M. Navia, F. López Aranguren,
Archivo SM, Yolanda Álvarez, AGE FOTOSTOCK, AISA, FIRO FOTO,
Amaro Olivares, AVF, Pedro Carrión, GREVOL, INDEX, Carlos Jiménez,
J. M. Montes, J. M. Ruiz, SIPA PRESS

Agradecemos a Real Musical su ayuda para la realización
de algunas de las fotografías de instrumentos musicales

Maqueta, diseño y cubierta: José Eizaguirre, Pablo Núñez,
Olga Pérez y Alfonso Ruano

Coordinación técnica editorial: Arturo Martín Garcés

Proyecto editorial y dirección: Concepción Maldonado González

© Ilustraciones: Gusti – EDICIONES SM - Madrid
ISBN: 84-348-3582-7 / Depósito legal: M-12176-1995 / Fotocomposición: Grafilia, SL
Imprime: Melsa - Ctra. de Fuenlabrada a Pinto, km 21,8 - Pinto (Madrid) / Impreso en España-Printed in Spain